GANCHO

Jan Erik Vold

EDICIONES encuentros imaginarios

CATÁLOGO – KATALOG 2016
EDICIONES encuentros imaginarios - SIESTA FÖRLAG

ZONA ARKTIS

1. 29 JAICUS Y OTROS POEMAS de Tomas Tranströmer, 2003
2. ELVIS, ARENA PARA EL GATO Y OTRAS COSAS IMPORTANTES, 2003
3. LA CASA ES BLANCA de Jan Erik Vold 2008
4. YO HE VISTO ESTRELLAS QUE DEJARON DE APAGARSE de Nils Yttri, 2009
5. ESPERANTO DEL CUERPO de Birgitta Boucht, 2009
6. LA CASA ES BLANCA de Jan Erik Vold, 2009
7. EL PAÍS QUE NO ES de Edith Södergran, 2009
8. LUEGO DE NOSOTROS, SIGNOS de Tor Ulven, 2009
9. RUIDO de Tone Hødnebo, 2010
10. LLUVIA EN/ REGN I HIROSHIMA de Tarjei Vesaas, 2010
11. IDEALES EN OFERTA de Henry Parland, 2010
12. ABIERTO TODA LA NOCHE de Rolf Jakobsen, 2010
13. DE HABITACIÓN EN HABITACIÓN Sad & Crazy de Jan Erik Vold, 2011
14. LA REALIDAD MISMA de Gunvor Hofmo, 2011
15. MARIPOSA de Birgitta Boucht, 2011
16. POEMAS SELECTOS de Gungerd Wikholm, 2011
17. ESPEJOS QUE HUYEN (bilingüe) de Rabbe Enckell, 2012
18. ROTO de Henry Parland, 2012
19. MINIMUM de Anne Bøe, 2012
20. DIJO EL HACEDOR DE SUEÑOS (bilingüe) de Jan Erik Vold, 2014
21. PIEDRAS Y LUZ de Peter Sandelin, 2015
22. DOCE MEDITACIONES de Jan Erik Vold, 2016
23. ALCE de Jan Erik Vold, 2016
24. NOCHES DEL MAR DE BOTTNIA de Gösta Ågren, 2016
25. GANCHO de Jan Erik Vold, 2016
26. CUADRADO OSCURO de Tone Hødnebø, 2016

ZONA SIESTA

1. MALMÖ ÄR EN DRÖM av Tomas Ekström, 2011
2. BERING OCH ANDRA DIKTER av Luis Benítez, 2012
3. DE TRE SENASTE ÅREN av Jorge Fondebrider 2015
4. EN VISS HÅRDHET I SYNTAXEN av Jorge Aulicino, 2015
5. BORDERLINE av Andrés Norman Castro, 2015

GANCHO

Jan Erik Vold

(1966)

traducción directa del noruego de Roberto Mascaró

Diseño gráfico interior y exterior: Daniel Telles y Andrés Norman Castro
© *Jan Erik Vold, HEKT*
© de la traducción y de esta edición: Roberto Mascaró
encuentros imaginarios-Siesta förlag
Malmö, 2015
Encuentro – Poesimöte
Bergsgatan 13 A
211 54 Malmö
Suecia
Tel. +46722872749

ISBN: 978-91-979735-6-4

Edición realizada con el apoyo de Norwegian Litterature Abroad
NORLA
NORWEGIAN LITERATURE ABROAD

GANCHO

se quitan las ropas

allí cuelgan los rangos
allí está el vaso de agua
allí descansa el espejo

en el suelo mil semillas
algunas plumas
y un poco de excremento

un gallinero abandonado
un gallinero elevado
en el techo un columpio

afuera una persona
a lo lejos
trinos de pájaro

es de día

GANCHO 1

yo veo y
veo y te
miro sin
pestañear mi
mirada no afloja
te miraré fijo
hasta romperte
en pedazos lo crees
pero no lo haré porque
no puedo
no me empujes
así me tienes

indefenso como
un muñeco yo
me doy vuelta y
voy en la cubierta
con la nuca delante
sostengo la cabeza
se cierran los ojos
estás segura

lo que gira y
gira fuera
de la ventana entre ustedes una
locomotora seccionada
tal vez en una órbita circular
en un viaje de prueba en un
taller de trenes tal vez un
loco confundió los juguetes
tal vez poderoso
cangrejos que quieren recogerme
porque la locomotora se acerca más y más
cada vez que

pasa crece y crece
en intensidad y no va más
en círculos pero descarriló la esperanza
como un resorte de reloj
que estalla y se dirige como
hacia mí con un peso que
quiere destruir las paredes de la casa
de piedra como si nada

alguien golpea y golpea una
pequeña pelota de goma negra
unida por una banda amarilla
a una raqueta de hailai y
yo estoy aquí mirando y
él ve que yo miro a
tres pulgadas de distancia hacia
la derecha hacia la izquierda sobre

la cabeza yo sonrío
él sonríe a dos pulgadas de distancia de
mí a una pulgada de mí yo
bajo la cabeza él baja
la pelota yo salto hacia
el lado él golpea la pelota
hacia el lado yo corro
de él él golpea la pelota
tras de mí yo corro y
corro y la banda se extiende y
se extiende grito él sonríe

GANCHO 2

vamos a inflarte
y a inflarte
con una caricia
para que tengas brazos
cabeza y piernas y vamos
a inflarte
con mirada tierna para

que crezcas y
bello y fuerte y
vamos a inflarte
como si fueses un globo
rojo hasta que tengas
la piel clara y
tersa y crepitante
cuando coloquemos tus
miembros en su lugar sí
vamos a hacerte cosquillas
y a prometerte
y apretarte de veras
hasta que estalles niño

eres un viejo
y hacia tí viene
un hombre fuerte que
anda por ahí con brazos
enormes y peludos golpeando
a hombres viejos
en los riñones
hasta que se derrumban

y cuando llegan
propinan golpes en los riñones de modo
que caen y
si se levantan reciben un golpe
un golpe en
en los riñones hasta que
desesperados de
dolor cada vez te
levantas enseguida
recibes
pronto un puñetazo
colocado en la espalda
al final yaces
allí él lo sabe

fila invisible
pero igual
un orden de fila
tu padre lleva
allí a tu madre
allí a tu hermano
a ti hermano
mayor a ti
hermano menor
después de ti pero
no una fila

permanente saliendo de ustedes
nunca más igual
fila adentro grandes
transformaciones
pueden tener lugar
pero la fila
vacila todo el tiempo
alejándose y
el turno se
acerca todo el tiempo
entonces vienes tú

GANCHO 3

Surge un cuadrado
de trazos poderosos
en negro sobre blanco papel
p. ej. con un marcador
que escribe extra grueso
nada hay afuera
cuadriculado nada adentro

está en alguna parte
adentro
o afuera
y siente
que un compás
está clavado
en la hoja
y una pesada gota
de tinta
resbala
a través de la boca
de lápiz
y deja trazado
un círculo
camino
de su fin

coloca el lápiz
en la hoja
y traza
una convencional
figura cerrada
que luego
sistemáticamente
llenas de negro
como las oes en un
titular de diario
nota
como
el negro se dispersa
como una enfermedad
en la hoja
y al final
cubre todo lo
que era blanco
dentro de esta
silueta

GANCHO 4

sillón vacío
reclinado
con las manos hacia adelante
hacia ti
baja
baja
aquí descansas tranquilo
después del café y
las masitas
el periódico de la tarde
baja
baja
a mi brazos protectores
abre el periódico
como un cobertor
y reclínate
entre mis muslos
amante

digo sí
y quiero decir sí
pero no me
importa decir
no
y querer decir no
es tan endiabladamente
clara
la hoja blanca
frente a tí
tú lápiz en mano
la hoja descansa en la mesa
espera la punta del lápiz
como un hijo de refugiado
en una gran sala
que levanta los hombros
y espera
un barco
frente a los ojos
escrutadores del comité
mira a su vez
al comité
te mira a su vez
a ti
escribe

hoja blanca
frente a tí
tú lápiz en mano
la hoja descansa en la mesa
espera la punta del lápiz
como un niño refugiado
en una gran barraca
que se encoge de hombros
y espera
un destino
frente a los ojos examinadores
del comité
te
devuelve la mirada
escribe

GANCHO 5

hay un reloj
en el que las agujas avanzan

el segundero sesenta veces más rápido
que el minutero

el minutero doce veces más rápido
que el horario

el horario tan lento
que no lo ves

es un reloj corriente
que se halla

en una sala de espera
como en torno a la muñeca

de un sargento de vietnam
si lo miras

en más de un par de segundos
qué crees que señalizará

a quién crees que sonríe
adónde crees que irá

es un reloj que camina y camina
y no llega nunca a la puerta

tiempo de carámbanos las casas han echado dientes
//nuevas bombas
caen a la distancia golpean los periódicos matinales

hacia el piso de la entrada con telefotos donde viejas
//bombas
cuelgan bajo los aviones como carámbanos sobre los
//objetivos

extendido destruido o bombardeado por error y como
//tú
tampoco en ti el último café y una larga zancada

afuera en el pavimento porque echas una mirada a la
//entrada
donde los carámbanos cuelgan del techo como hojas
//de hacha

sobre el tajo es ya
el pueblo bombardeado por error desde el más alto
//mando profundamente

lamentado y la ciudad enemiga registrada como
//blanco perfecto

la senda conducía lejos dentro del bosque
y de pronto estábamos aquí la montaña
recortada por agua tal vez

una vez había una cascada aquí
el abismo se inclinaba
en tales lugares hay ovejas

de modo que quedo afuera
todo el rebaño y la oveja líder
han pasado adelante

GANCHO 6

atornillar
un tornillo
primero taladrar
con bujes y
colocar el destornillador
apoyarlo bien
y avanzar despacio
para que
el tornillo
no se desvíe

atornillar con
fuerza
y al final
atornillar
y atornillar
hasta que el tornillo
está allí instalado

cajón cerrado
cajón cerrado
cajón cerrado
y si lo abres
está vacío
y si lo cierras
está cerrado
cajón cerrado

vi el busto
abundante
de una mujer
delinearse
contra la
blusa del uniforme
pero ella estaba
de guardia
con el fusil
listo
una pequeña
tejedora
mujer del vietcong
en un campo de arroz
en vietnam del sur

GANCHO 7

toalla
con o sin
manchas de sangre

el periódico
con o sin
texto

la mesa del desayuno
con o sin
tí

mudo   lo   saca

de   su   abrigo   sobre   el

blanco   paisaje   y   pone

cada   hora   en   calma

lleva   su   dedo   a   los   labios

fríos   y   les   da   vida

sin   un   sonido   en   enormes

trayectos los hace girar en la punta

de   su   dedo   a   todos los

que   creen   en   esto

brusco como truco cinematográfico
desapareció

no ha salido
de la casa

no ha viajado
al campo

no es ya más

GANCHO 8

bajo los rápidos
que se arrojan blancos
por la garganta

yacían piedras que molían
y molían enormes ollas
muestran un estero

conduzco a 90 km/h
y veo un enorme roble
en medio de la planicie

bastante lejos de la ruta
hay un centro
en una enorme esfera de reloj

el insomnio un navío
anclado
en cuarentena

la tripulación junto a la barandilla
brillan las luces de la ciudad
las ratas tienen que abordar

GANCHO 9

Surgen flechas como marcas de la tierra en tiempo
//lluvioso
ellas saben dónde vives y te encuentran y se clavan

en tu cuerpo como boquillas en vidrio
hasta que andas alrededor como jinete con espada de
//juguete

herida en la espalda no produce dolor
no sangra ves sólo las flechas

que se hacen cortas como si lentamente
crecieran en ti mismo hasta que al final

el último resorte desaparece en tu piel
que se cierra como un lago y entonces las flechas

se han vuelto lucios que devoran todas las truchas que
//hay en ti

las sillas hablan entre sí bajo la mesa
la lámpara alarga el cuello desde el techo

las jarras luchan para no caer del empapelado
el rostro en la pared de enfrente mira

dos velas están de pie en la mesa
las puertas son blancas con pestillos negros

el sillón cierra los ojos de quien allí se sienta
el espejo mira

agachado en lo oscuro

está en la esquina de un semicírculo y es mirado por el
                                        //sol

mira a todas las rojas que están en su lugar alrededor
                                        //de las blancas

algunas blancas tienen una roja todas las rojas son
                                        //ciegas

la gran blanca ha estado aquí y se fue

la marrón en la jarra la marrón en la taza se acabó

la blanca en el jarro las cuatro blancas en el bol están
//intactas

se desliza en la negra toma la cuarta blanca y se va

afuera brilla el sol

GANCHO 10

te gusto
preguntó ella
en la noche soñé

sostuve su cabeza
en mis manos e hice
con una hoja de afeitar un tajo oblicuo

bajo cada uno de sus ojos
dije sí
creo que sí que me gustas

llevabas suéter rojo
y cuando terminó el baile
saliste

y yo subí el suéter
sobre tu cabeza
y lo volví a poner

sobre la cabeza
de otra y dije
te amo

mucho después de que
nos gustamos
y mucho después

de que no nos gustamos
escribí
tu nombre con lápiz

en una pequeña goma de borrar
no más grande que
una cucharadita de azúcar de frambuesa

GANCHO 11

después nos levantamos
como espejos pesados
de armarios que se abren

la habitación adquiere paredes
decoración inventario
y nos quedamos

en una posición casual
tal vez nos vemos el uno al otro
tal vez no

hay uno en el espejo
y te mira
mirando al espejo

poco o mucho después
desaparecen ambos
como en un juego preestablecido

un perro afuera de la cerca
otro igual adentro
están allí mirándose fijamente

curiosos pero también
desconfiados
se acercan un par de pasos

se encuentran olfateando
a través de las rendijas y van
seguramente a continuar

la investigación de lo extraño
como cuando una persona al principio
se ha dejado realmente fascinar

de imágenes de espejo
cuando la mujer
aparece en escena

GANCHO 12

ser una mosca en una
habitación nacida allí un día soleado
o haberse colado cuando

la puerta estaba entreabierta
buscando la luz la primera
la mejor deslizarse

hacia esa otra
realidad que de pronto
se muestra difícil

de alcanzar difícil de alcanzar
aquí hay algo que no
encaja luego investigar

la habitación y resignadamente
caminar y caminar por el laberinto
de las interminables listas en la esperanza

de que alguien
abrirá para que recojas
un viejo periódico

historia de una
piedra en un camino rural
que ha yacido allí

nunca tanto un
día llega un gran
camión por el camino y

la piedra es apretada
por uno de los surcos de
las cubiertas donde queda

atrapada y gira
y gira y
gira si la piedra

es grande es arrojada
a gran velocidad
otra vez es piedra

si es pequeña penetra
en lo negro hasta
que la cubierta está liquidada

la soledad es un
espantapájaro niños
le han arrancado

la nariz y luego
le han colocado
el índice

derecho
como pulgar izquierdo
en la mano derecha

GANCHO 13

paredes blancas inclinadas
como visita médica
sobre cama de enfermo

dentro de su cabeza
tres grandes pájaros que vuelan
sobre la colina oscura

en medio del sueño
como una mancha amarilla
en una composición en gris

había alguien que gritaba
jan erik

mi pensamiento
viejo como las montañas

sobre un poste pintado de blanco
un mirlo

el día se derrumbó como un castillo de naipes
despierto en el fondo del mar

adherido como alga
agitado como las olas lejanas de las sirenas

hasta que lentamente me desprendí y subí
como un pez perezoso

olfateando las laderas de la montaña
hacia arriba y arriba

como tirado por el sol
saliendo del mar hacia el día

donde todo era luminoso y sin un sonido
y yo sacudiéndome en el anzuelo

libre

El presente volumen, editado con la debida autorización
del autor, del agente y del editor,
incluye solamente algunos de los poemas originales publicados en HEKT
de Jan Erik Vold, Gyldendal Norsk Forlag, Oslo, 1966

www.ingramcontent.com/pod-product-compliance
Lightning Source LLC
Chambersburg PA
CBHW061158040426
42445CB00013B/1723